やさしい点字 ①

点字を読んでみよう

監修 日本点字委員会

国土社

はじめに

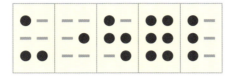

　点字は、目の不自由な人のためにつくられた文字で、指先でさわって読みます。もり上がった6つの点の組み合わせで、わたしたちが使っている、ほとんどのことばをあらわすことができます。ただし、そのためには、いくつかの決まりごとをおぼえる必要があります。また、指先でさわって点字をすらすら読み進めることができるようになるまでには、時間もかかります。

　この本の目的は、点字を読むために最低限必要な決まりをみなさんにおぼえてもらい、かんたんな点字を読むことができるようになること。そして、点字について、より深く興味を持ってもらうことです。さわって読むことができなくても、身近にある点字を見て、そこに何が書いてあるかがわかるようになれば、そこにある点字の役割や目的を知ることができますし、目の不自由な人のくらしの不便さやこまっていることを知ることもできるでしょう。点字について知ることは、その点字を使う人について知ることでもあるのです。

　まずは、点字の世界への第一歩をふみ出してみてください。今までとは、ちがった世界が見えてくるはずです。

もくじ

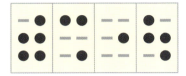

この本の使い方	4
点字って、なに？	6
点字って、どう読むの？	8
点字のしくみをおぼえよう	10
五十音の読みかた	12
なにが書いてあるのかな？	16
二マスであらわす字	20
この点字、読めるかな？	26
数字を読んでみよう	30
アルファベットを読んでみよう	32
点字の決まりを知ろう	34
点字の決まりをたしかめよう	36
いろいろな符号や記号	38
この組み合わせ、読めるかな？	40
答えをたしかめよう	45
さくいん	47

この本の使い方

点字のことを知る｜点字のことを、より深く理解するために。

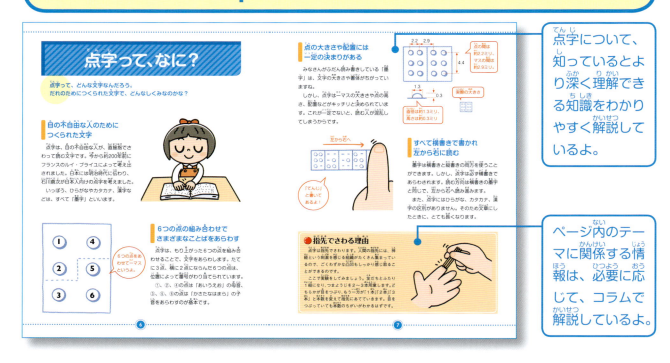

点字について、知っているとより深く理解できる知識をわかりやすく解説しているよ。

ページ内のテーマに関係する情報は、必要に応じて、コラムで解説しているよ。

点字をおぼえる｜点字のしくみと意味をしっかりと理解するために。

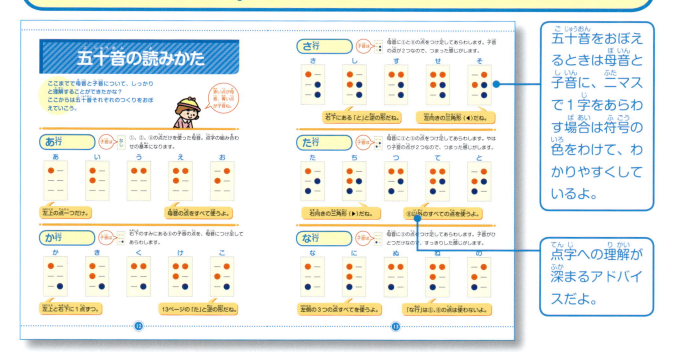

五十音をおぼえるときは母音と子音に、二マスで1字をあらわす場合は符号の色をわけて、わかりやすくしているよ。

点字への理解が深まるアドバイスだよ。

書いてある点字を読む　ページをコピーして記入らんに点字の読みを書きこむ。

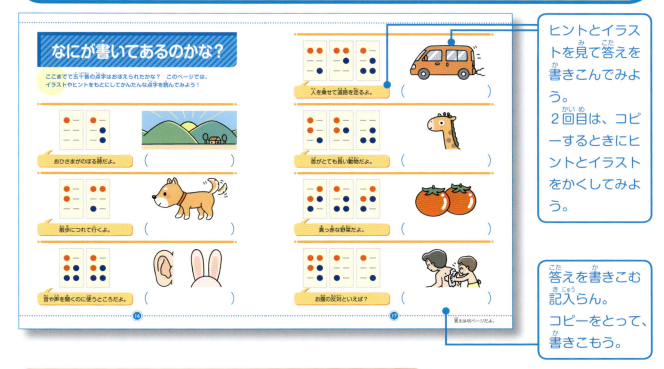

ヒントとイラストを見て答えを書きこんでみよう。
2回目は、コピーするときにヒントとイラストをかくしてみよう。

答えを書きこむ記入らん。コピーをとって、書きこもう。

先生方や、おうちの方へ
教育目的で使う場合にかぎり、この本は、自由にコピーすることができます。点字を読む練習のページは、紙にコピーして答えを書きこむようにすれば、何度もくり返し使うことができます。

このページはコピーして使おう！

何度もくり返して使えるよ。

まちがえたところは何度もやろう。

点字って、なに？

点字って、どんな文字なんだろう。
だれのためにつくられた文字で、どんなしくみなのかな？

目の不自由な人のためにつくられた文字

点字は、目の不自由な人が、直接指でさわって読む文字です。今から約200年前にフランスのルイ・ブライユによって考え出されました。日本には明治時代に伝わり、石川倉次が日本人向けの点字を考えました。

いっぽう、ひらがなやカタカナ、漢字などは、すべて「墨字」といいます。

6つの点の組み合わせでさまざまなことばをあらわす

点字は、もり上がった6つの点を組み合わせることで、文字をあらわします。たてに3点、横に2点にならんだ6つの点は、位置によって番号がわり当てられています。

①、②、④の点は「あいうえお」の母音、③、⑤、⑥の点は「かさたなはまら」の子音をあらわすのが基本です。

6つの点をあわせて一マスというよ。

点の大きさや配置には一定の決まりがある

みなさんがふだん読み書きしている「墨字」は、文字の大きさや書体がちがっていますね。

しかし、点字は一マスの大きさや点の高さ、配置などがキッチリと決められています。これが一定でないと、読む人が混乱してしまうからです。

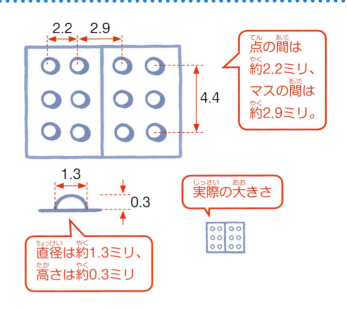

点の間は約2.2ミリ、マスの間は約2.9ミリ。

直径は約1.3ミリ、高さは約0.3ミリ

実際の大きさ

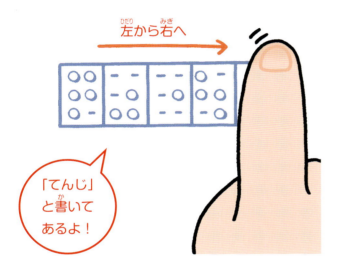

左から右へ

「てんじ」と書いてあるよ！

すべて横書きで書かれ左から右に読む

墨字は横書きと縦書きの両方を使うことができます。しかし、点字は必ず横書きであらわされます。読む方向は横書きの墨字と同じで、左から右へ読み進みます。

また、点字にはひらがな、カタカナ、漢字の区別がありません。そのため文章にしたときに、とても長くなります。

● 指先でさわる理由

点字は指先でさわります。人間の指先には、神経という刺激を感じる組織がたくさん集まっているので、ごくわずかな凸凹もしっかり感じ取ることができるのです。

ここで実験をしてみましょう。友だちとふたり1組になり、つまようじを2〜3本用意します。どちらかが目をつぶり、もう一方が「1本」「2本」「3本」と本数を変えて指先にあてていきます。目をつぶっていても本数のちがいがわかるはずです。

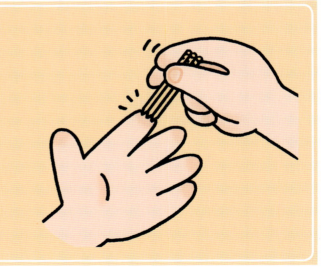

点字って、どう読むの？

点字は指先を使って読む字だよ。ここでは、どうやって点字が読まれているのかについて紹介するよ。

4本の指を軽くのばして指先で点字をなぞっている

点字をさわるときは指の先を使います。このとき、人差し指だけでなく親指以外の4本の指を軽くのばして、点字が書かれている行をさわっています。

じっさいに点字を読むのは、人差し指が中心です。しかし、ほかの指も、読みが行からそれるのを防いだり、まちがいを正したり、読んだものを確認したりして、安心して読み進めるのに役立っています。

両方の手を使って読むこともある

指先でさわって点字を読み進められるようになるには、とても時間がかかります。

しかし、いったん読み方を身につけると、かなりのスピードでスラスラと読むことができます。また、さらに速く読むために、両手を使う読み方もあります。

点字が書かれているものはいたるところにある

点字は、本だけに書かれているわけではありません。点字は、目の不自由な人が、生活のいろいろな場面でこまらないようにするために、役立てられているものです。

ふだんは気づかないかもしれませんが、家の中にあるものや、町のいたるところで点字を見つけることができます。

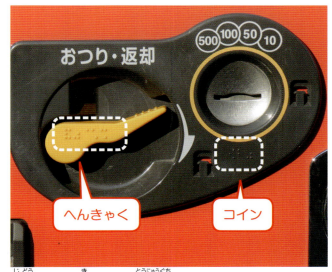

自動はんばい機のコイン投入口

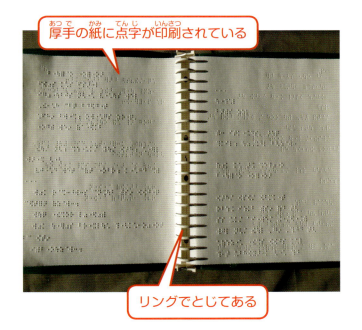

厚手の紙に点字が印刷されている

リングでとじてある

点字で書かれている本の特ちょう

目の不自由な人のために、点字で書かれた本を「点字図書」といいます。デコボコがはっきりわかるようにするため、厚手のじょうぶな紙に点字が印刷されています。また、本を大きく開けるようにリングでとじてあるものが多いです。点字図書は目の不自由な人であれば、各地の点字図書館で読んだり、借りたりすることができます。

● 点で図をあらわすこともできる

点字は五十音だけでなく、アルファベットや数字、記号などもあらわすことができるので、わたしたちがふだん読んだり、見たりしている文字の情報は、ほとんど点字に置きかえられます。

では、図や絵はどうでしょうか。色やこまかい部分の表現はできませんが、絵のように点を並べることで、必要な情報を伝えることができます。

点字や点線で表現された日本の近畿地方の地図。

点字のしくみをおぼえよう

6つの点であらわされる点字は、母音と子音が組み合わさってできているよ。どんなつくりになっているのかな？

「あいうえお」の母音は ①、②、④の点を使う

「母音」、つまり「あいうえお」は点字の左上半分にある①、②、④の点を使って、あらわします。舌や歯などを使わなくても、口の開け方を変えるだけで発音できます。

「かさたなはまら」の子音は ③、⑤、⑥の点を使う

点字の右下半分、③、⑤、⑥の点を使ってあらわされるのが子音です。子音の多くは、舌や歯、くちびるなどで息の通り道をふさいだり、閉じたりして、発音する音です。

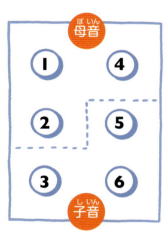

日本語は母音と子音の組み合わせでできている

母音以外の音は、母音の前に子音がついて発音されます。たとえば、「か」をローマ字で「ka」とあらわす場合、「k」が子音で、「a」が母音にあたります。

ローマ字にすると……

五十音の読みかた

ここまでで母音と子音について、しっかりと理解することができたかな？
ここからは五十音それぞれのつくりをおぼえていこう。

赤い点が母音、青い点が子音ね。

あ行　子音はなし

①、②、④の点だけを使った母音。点字の組み合わせの基本になります。

あ 　**い** 　**う** 　**え** 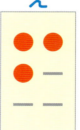　**お**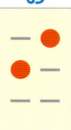

左上の点ひとつだけ。　　母音の点をすべて使うよ。

か行　子音は

右下のすみにある⑥の子音の点を、母音につけ足してあらわします。

か 　**き** 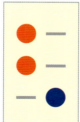　**く** 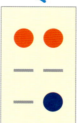　**け** 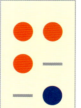　**こ**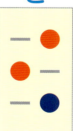

左上と右下に１点ずつ。　　13ページの「た」と逆の形だね。

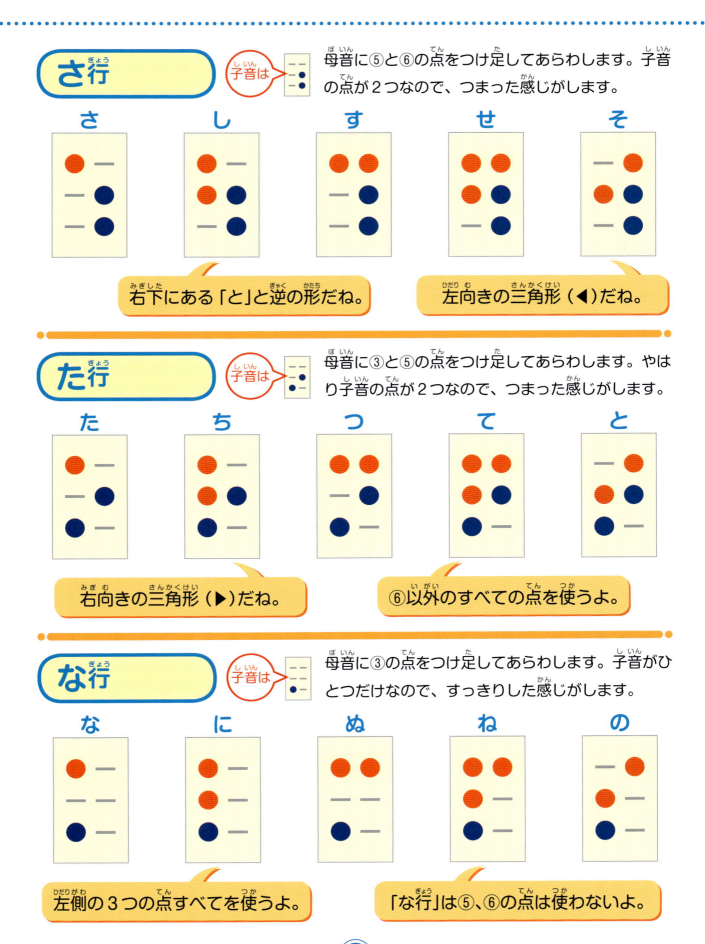

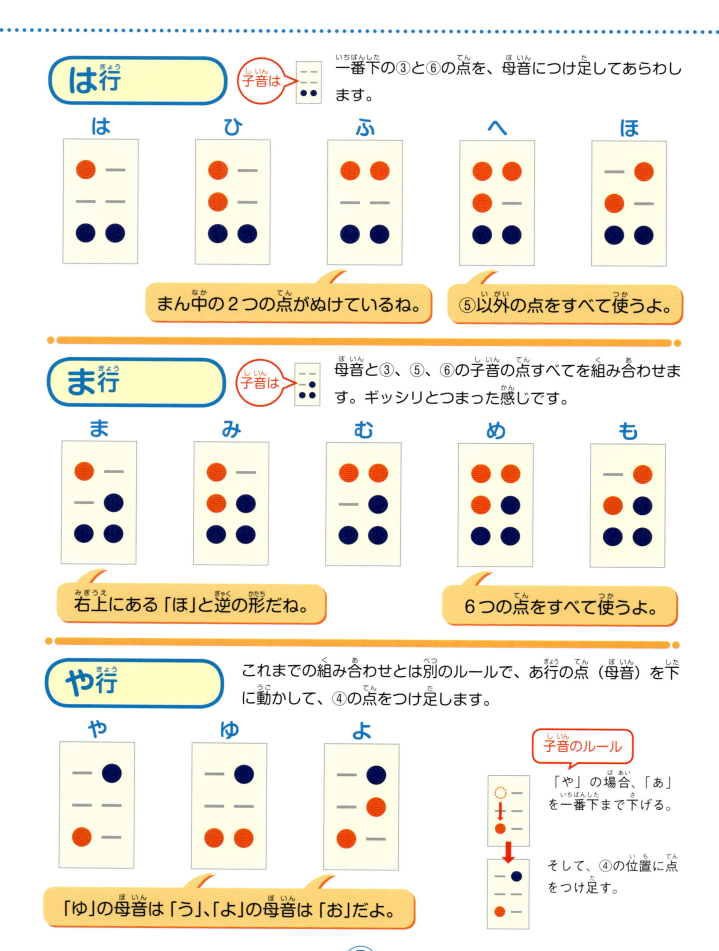

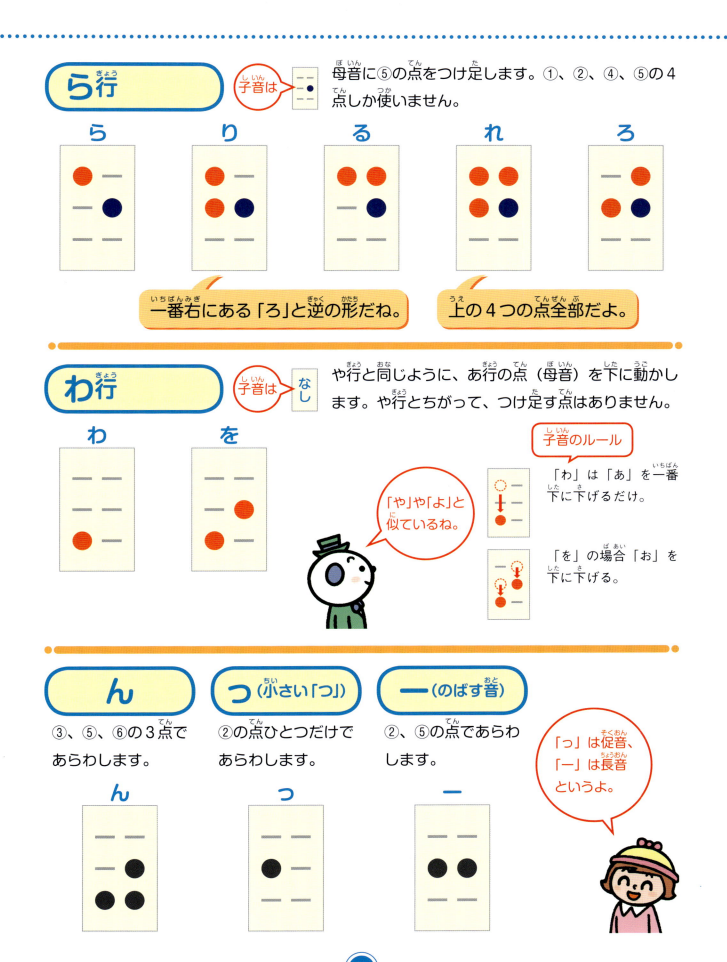

なにが書いてあるのかな？

ここまでで五十音の点字はおぼえられたかな？　このページでは、イラストやヒントをもとにしてかんたんな点字を読んでみよう！

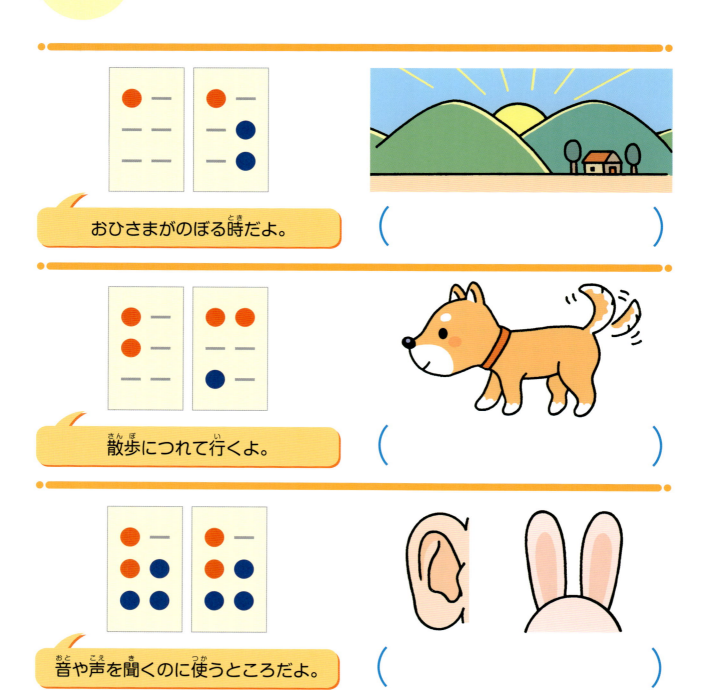

おひさまがのぼる時だよ。　（　　　　　）

散歩につれて行くよ。　（　　　　　）

音や声を聞くのに使うところだよ。　（　　　　　）

一マスあけるよ（35ページ）。

(　　　　　　　　　)

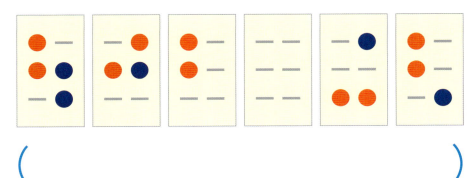
(　　　　　　　　　)

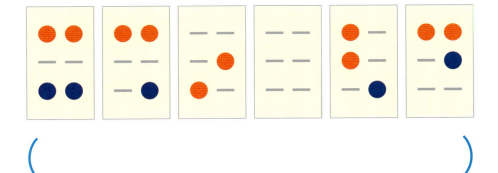
(　　　　　　　　　)

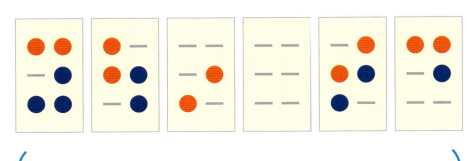
(　　　　　　　　　)

答えは45ページだよ。

ニマスであらわす字

五十音は一マスだけであらわすけれど、
ニマスを1セットにしてあらわす点字もたくさんあるんだ。

「゛」がつくだく音や「゜」がつく半だく音

ひらがなの「か」や、カタカナの「カ」に「だく点」を打つと、だく音の「が（ガ）」になります。

点字の場合、だく音や半だく音はニマスを組み合わせて、あらわします。だく音の場合は、だく点をあらわす⑤の点を前につけます。また、半だく音の場合は⑥の点を前につけます。

ひらがなの場合

「か」に「゛（だく点）」をつけると「が」になる。

点字の場合

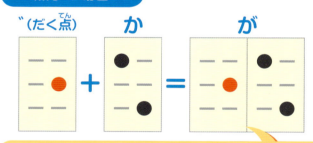

前にだく点をあらわす⑤の点をつける。

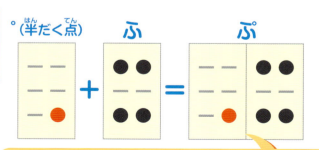

前に半だく点をあらわす⑥の点をつける。

さわって読むから、前にある方がわかりやすいんだ。

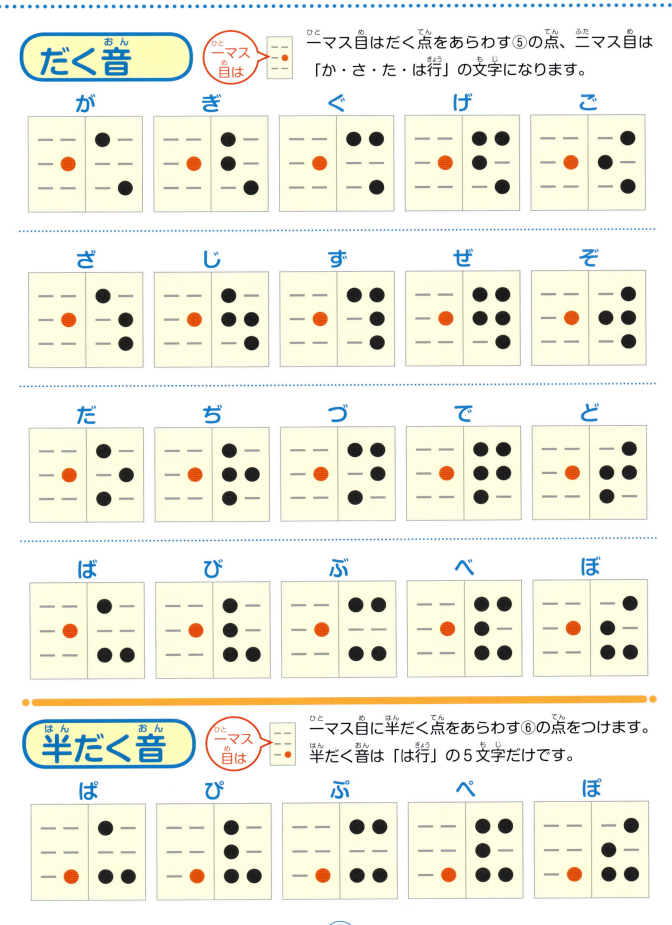

小さい「や」「ゆ」「よ」を使う よう音やようだく音

よう音の「きゃ」、ようだく音の「ぎゃ」などをあらわす場合、もとの字の前のマスに④の点をつけます。これで、小さい「や」「ゆ」「よ」がついた文字になることをあらわします。

④の点は「や行」の子音と同じなのね。

特殊音

外来語や外国の人名などに使われ、これまでの決まりだけではあらわせない音を「特殊音」というよ。

④の点がつく音

一マス目に④の点、にごる場合は⑤の点もつきます。

イェ キェ シェ ジェ
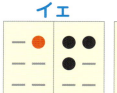 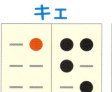 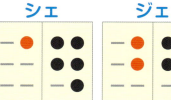

●ことば●
シェフ、チェック、ティーシャツ　など

チェ ニェ ヒェ
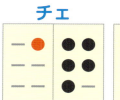 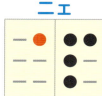 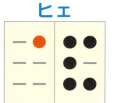

小さい「い」か「え」がつくのね。

スィ ズィ ティ ディ
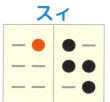 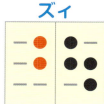  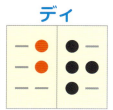

④と⑥の点がつく音

一マス目に④と⑥の点、にごる場合は⑤の点もつきます。

テュ デュ フュ ヴュ
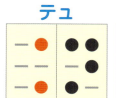  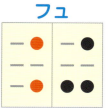 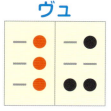

●ことば●
デュエット、インタヴューフューチャー　など

フョ ヴョ ヴ

この点字、読めるかな？

二マスが1セットになっている点字はおぼえられたかな？
どこまでおぼえたかチェックしてみよう。

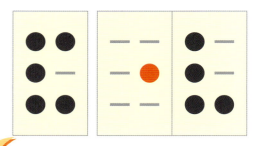
細長くて手足がない動物だよ。

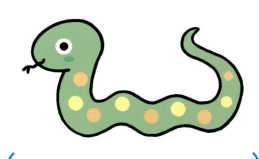
（　　　　）

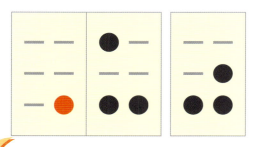
学校の給食にも、よく出るね。

（　　　　）

墨字では「う」だよ（34ページ）。

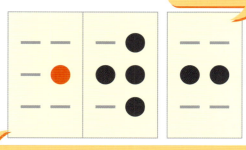
からだが大きくて、鼻が長い動物。

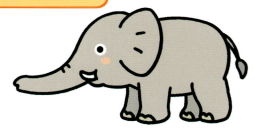
（　　　　）

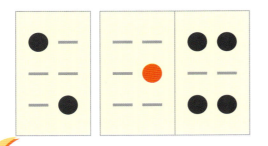 

丸い根の部分を食べる野菜だよ。 （　　　　　　）

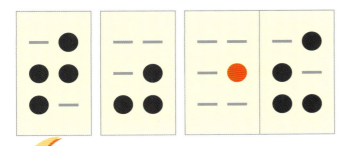 

幼虫の間は水の中でくらしているよ。 （　　　　　　）

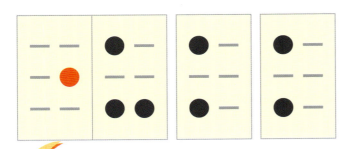 

暑い地方で栽培されるくだものだよ。 （　　　　　　）

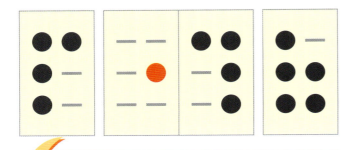 

かたいものをよくかじる小さな動物。 （　　　　　　）

答えは45ページだよ。

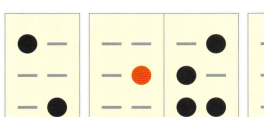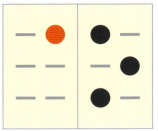

皮がとてもかたい冬の野菜だよ。　（　　　　　）

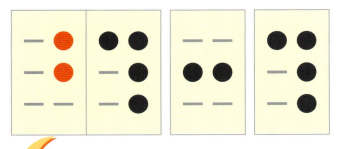

くだものや野菜からつくられるよ。　（　　　　　）

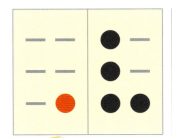

緑色で中身がスカスカの野菜だよ。　（　　　　　）

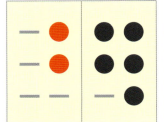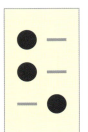

たくさんの人を乗せて飛ぶよ。　（　　　　　）

答えは45ページだよ。

数字を読んでみよう

数字をあらわす点字も、二マスで1セットになっているんだ。どんなつくりになっているのかを見てみよう。

数字をあらわす「数符」がかならず前につく

点字で数字をあらわすときは、一マス目に「数符」をつけて、「それより後は数字になること」をしめします。数符は、ひとまとまりの数字の前にひとつだけつけます。

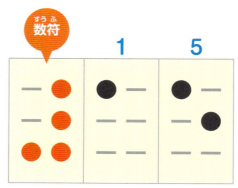

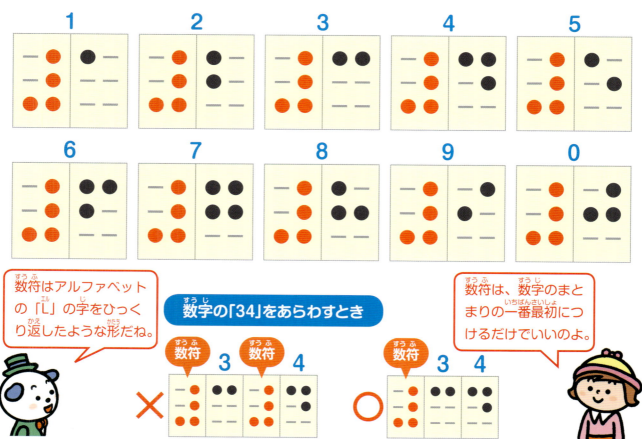

数符はアルファベットの「L」の字をひっくり返したような形だね。

数字の「34」をあらわすとき

数符は、数字のまとまりの一番最初につけるだけでいいのよ。

数字の後にア行とラ行が続くときは「つなぎ符」を使う

1～0の数字から数符をとると、「アイウルラエレリオロ」になります。

つまり、数字の後にこれらの文字が続く場合、数字とまちがえないように区別する必要があります。そこで、「つなぎ符」を数字の直後に入れて、「数字はここで終わること」をしめします。

数字の点字から数符をとると……

一輪車

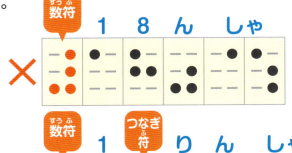

「つなぎ符」がないと「18んしゃ」と読めてしまうね。

数字の後に「あ・い・う・え・お」「ら・り・る・れ・ろ」で始まることばが来る場合は、「つなぎ符」が必要だ。

「つなぎ符」は後が数字ではないことをしめしているのね。

数符を使わずに「かな」であらわす数もある

日本語の数字は、読み方がさまざまで、「1日」は「いちにち」とも「ついたち」とも読めます。「ついたち」は昔の日本の読み方で、数符を使わずにあらわします。

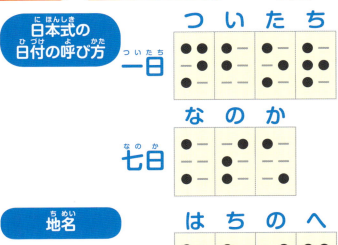

アルファベットを読んでみよう

アルファベットも二マスが1セットになっているんだ。数字の点字と似ているところがあるから、注意しよう。

一マス目に「外字符」がつくとアルファベット

点字の文中でアルファベットを使うときは、一マス目に「ここからアルファベットが始まること」をしめす「外字符」をつけます。この場合、あらわされているアルファベットは小文字です。

「a」〜「j」は外字符を数符に変えると、数字の「1」〜「0」になるよ。

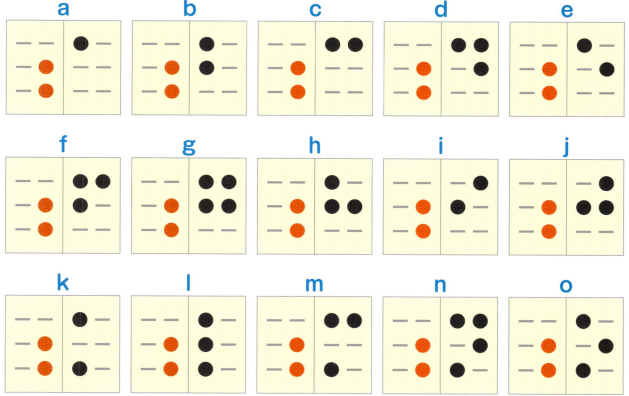

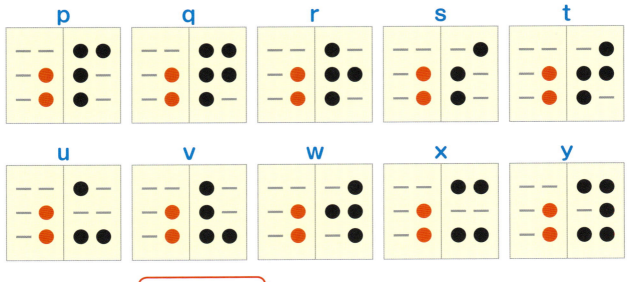

「k」〜「t」は「a」〜「j」に③の点をつけたものだね。

「u」「v」と「x」「y」「z」は「a」〜「e」に③と⑥の点をつけたものなんだ。

大文字をあらわす「大文字符」

文章や人名・地名の最初のアルファベット1字は大文字にします。

点字の場合、大文字のアルファベットをあらわすときは、文字の前に「大文字符」をつけます。ひとまとまり全部を大文字にするときは「大文字符」を2回続けます。

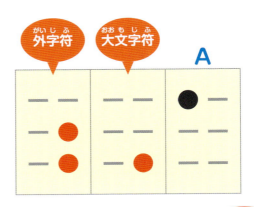

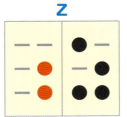
NASA

Tシャツ

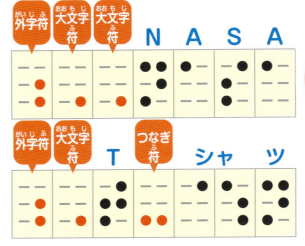

アルファベットの後、かなにもどるときは数字と同じように「つなぎ符」を入れるのね。

点字の決まりを知ろう

ここまで五十音から数字やアルファベットまで学んできたから、今度は点字を読むときに必要な決まりを紹介するよ。

じっさいに発音するとおりにあらわす

「わたしは」は「ワタシワ」、「海へ行く」は「ウミエイク」と発音するように、書かれている文字とちがう発音をすることがあります。しかし、点字はじっさいの発音どおりに書くルールなので、「～は」は「～ワ」、「～へ」は「～エ」とあらわします。

また、「う」と書いてのばす音になるものは、長音符の「ー」で書きあらわします。

わしは王様じゃ！

発音どおりにあらわす字

書きことば	点字であらわすとき	そのほかの例
ぼくは	ボク**ワ**	キョーワ（きょうは） アルイワ（あるいは）
やまへ	ヤマ**エ**	ソトエ（そとへ） ドコエ（どこへ）
おとうさん	オト**ー**サン	サンスー（さんすう） トーキョー（とうきょう）

意味のまとまりごとに一マスあける「分かち書き」

点字には漢字がなく、「かな」ですべてをあらわすので、文が長くなると、読みにくくなり、意味をまちがえることもあります。そのため、ことばの意味のまとまりごとに、一マスあけて区切るというルールがあります。これを「分かち書き」といいます。

区切るところをまちがえると

きのうのよるぱんつくったんだ

昨日の夜　パンつくったんだ

昨日の夜　パンツ食ったんだ？

ことばとことばの間に「ね」や「さ」を入れる

ことばの間に「ね」や「さ」を入れてみると、分けやすくなるんだ。

わたしはあかいはながすきです。

↓

わたしはね　あかいね　はながね　すきです。

長いことばは一マスあけることもある

ひとつの意味のまとまりであっても、「カレーライス」「フライドポテト」などの長いことばは、一マスあけることがあります。

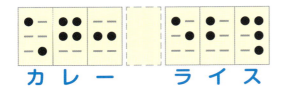

名字と名前の間は一マスあける

名字と名前の間も、一マスあける決まりです。続けて書くと、どこまでが名字でどこからが名前かが分かりにくいからです。

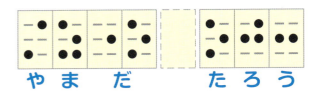

点字の決まりをたしかめよう

点字を正しく読み書きできるようになるには、点字の決まりを
きちんとおぼえることが大切だよ。

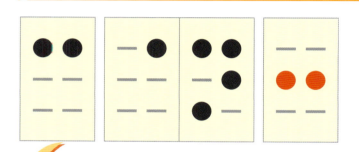
はてしなく広いところだよ。

(　　　　　　)

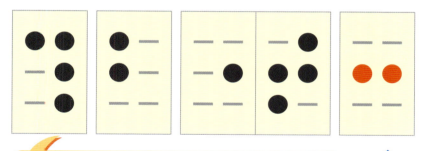
ひねるといきおいよく水が出るね。

(　　　　　　)

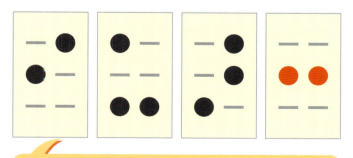
朝にするあいさつだよ。

(　　　　　　)

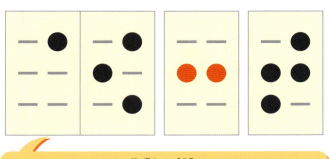

むかしは日本の都だったよ。　（　　　　　　）

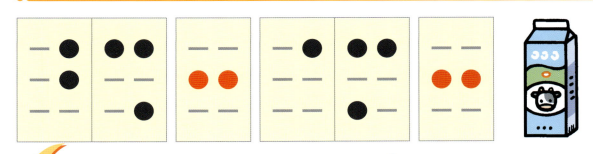

学校の給食でも出るね。　（　　　　　　）

●分かち書きをしてみよう

次の点字を読んで、分かち書きする場所がどこなのかを探してみよう。
分かち書きする場所がわかったら、下にある△をぬりつぶそう。

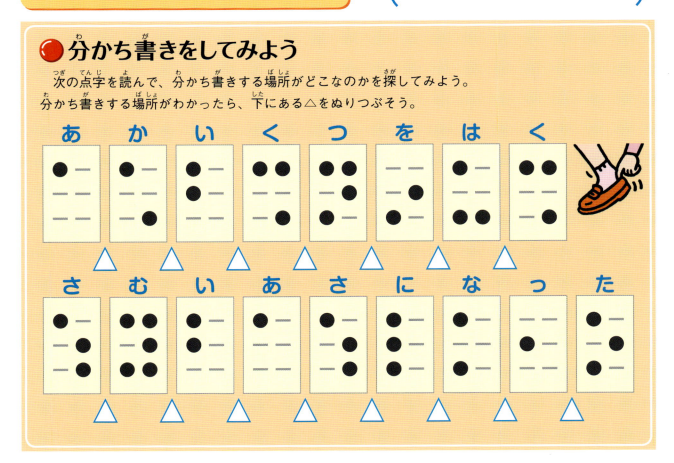

答えは46ページだよ。

いろいろな符号や記号

点字では、みんながふだん使っている「符号」にも、使い方の決まりがあるんだ。しっかりおぼえよう。

読点は一マス、句点は二マスあける

点字の読点（、）は、⑤と⑥の点であらわし、後ろは一マスあけます。句点（。）は②と⑤と⑥の点を使い、後ろは二マスあけます。

読点も句点も前の文字に続けて書くよ。

疑問符と感嘆符は、どちらも後ろを二マスあける

「疑問符」は「クエスチョンマーク」、「感嘆符」は「エクスクラメーションマーク」ともいいます。どちらも使い方は句点と同じで、後ろを二マスあけます。

疑問符は②⑥、感嘆符は②③⑤の点ね。

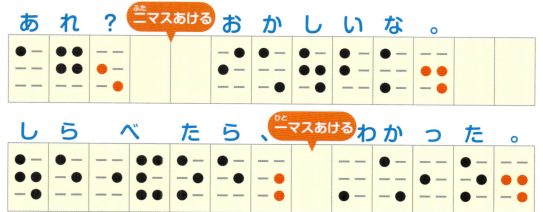

「かぎ」や「まるカッコ」は前と後ろにつける

会話や引用、強調などをあらわす「かぎ」と、文をおぎなって説明するときなどに使う「まるカッコ」は、どちらも必要な部分をはさむように前と後ろにつけます。

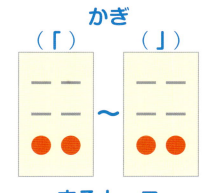

同じ形で、前と後ろのどちらにも使うよ。

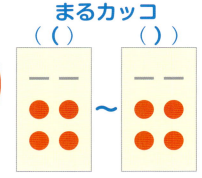

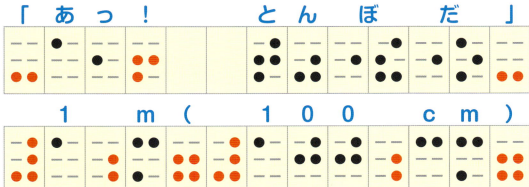

そのほかの符号や記号

文章の表現をおぎなう符号のほかに、算数の計算をするときなどに使う記号もあります。

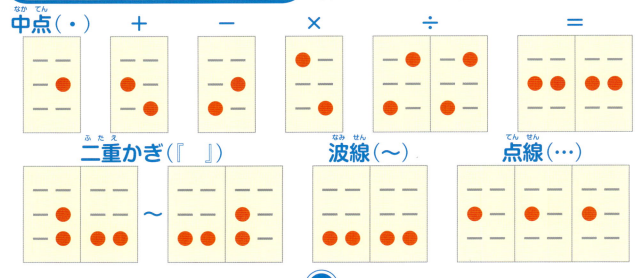

この組み合わせ、読めるかな？

いよいよ最後のしあげだよ。ヒントは少ないけど、ていねいに点字の読み方にチャレンジしてみよう！

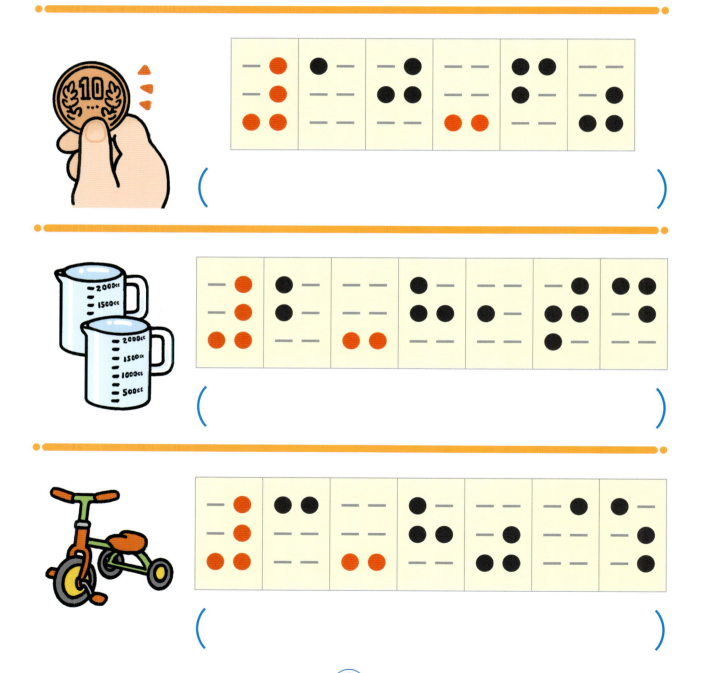

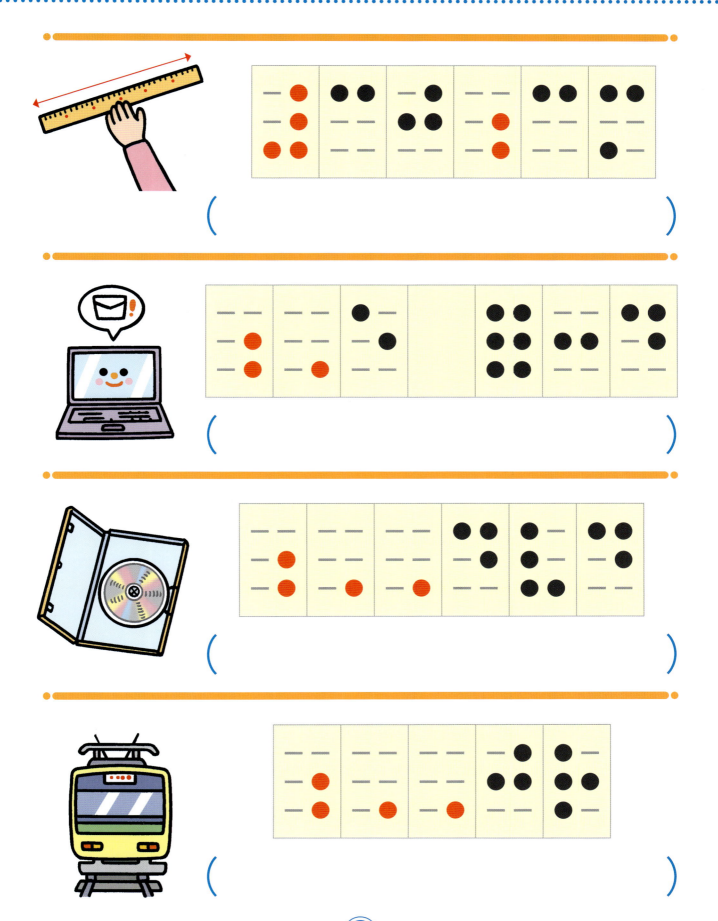

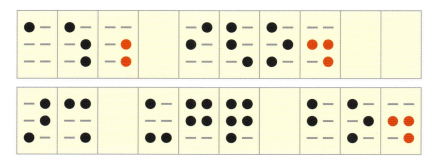

(　　　　　　　　　　　　　　　　　　　　　　　　)

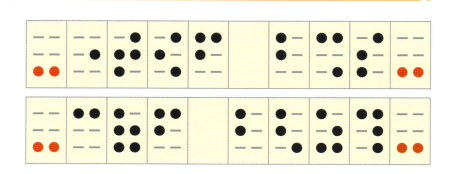

(　　　　　　　　　　　　　　　　　　　　　　　　)

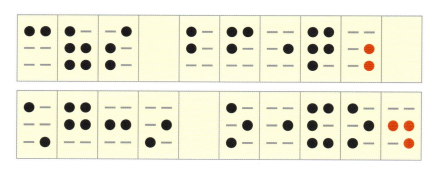

(　　　　　　　　　　　　　　　　　　　　　　　　)

おつかれさま！
点字を読むのって
おもしろいでしょう。

最初はたいへんだったけど、母音と子音の
決まりがわかってから、楽しくなったよ。

えっ、今度は点字の書き方を知りたい？
それでは、2巻を読んでみよう！

答えは46ページだよ。

答えをたしかめよう

なにが書いてあるのかな？　16〜19ページ

16ページ
あさ　いぬ　みみ

17ページ
くるま　きりん　トマト　せなか

18ページ
つきよ　はたけ　にわとり　すいそー

19ページ
えを　かく　　しろい　ゆき　　ふくを　きる　　むしを　とる

ここで出てきたのは、五十音だけだね。

この点字、読めるかな？　26〜29ページ

26ページ
へび　パン　ぞー

27ページ
かぶ　とんぼ　バナナ　ねずみ

28ページ
でんわ　ひつじ　たまご　パンダ

29ページ
かぼちゃ　ジュース　ピーマン　ジェットき

だく音、半だく音、よう音、ようだく音などを習ったね。

ここまでは点字の基本中の基本だね。

うん！　何度でもくり返しておぼえよう。

点字の決まりをたしかめよう　36〜37ページ

36ページ
うちゅー　すいどー　おはよー

37ページ
きょーと　ぎゅーにゅー

分かち書きをしてみよう

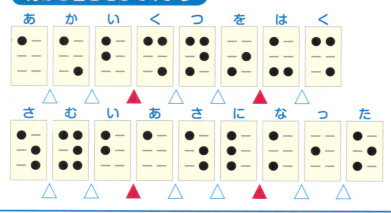

ある1語を、ことばとことばの間に入れると分けやすくなったね。

この組み合わせ、読めるかな？　40〜44ページ

40ページ
10えん　2リットル　3りんしゃ

41ページ
30cm　Eメール　DVD　JR

数字やアルファベットは、どんな符号がついたかな？

42ページ
うんどーかい　ゆのみぢゃわん　くーきを　すう　やまえ　いった

43ページ
これ　なあに？　あ！　ねこ！　くてん（まる）　「こんにちわ」

44ページ
あさ、おきた。　よく　はれて　いた。
「どこえ　いくの」「うみえ　いきます」
うみの　いえで、カレーを　たべた。

※点字を2行以上にわたって書くときには、書き出しの位置についての決まりがありますが、この本では、わかりやすくするため、使っていません。

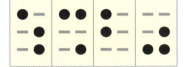

あ行
- アルファベット …………………… 32
- 石川倉次 …………………………… 6
- エクスクラメーションマーク …… 38
- 大文字符 …………………………… 33

か行
- 外字符 ……………………………… 32
- かぎ ………………………………… 39
- 感嘆符 ……………………………… 38
- 疑問符 ……………………………… 38
- クエスチョンマーク ……………… 38
- 句点 ………………………………… 38
- 五十音 ……………………………… 12

さ行
- 子音 …………………………… 6、10
- 子音の配置 ………………………… 11
- 数字 ………………………………… 30
- 数符 ………………………………… 30
- 墨字 …………………………… 6、7
- 促音 ………………………………… 15

た行
- だく音 ………………………… 20、21
- 長音 ………………………………… 15
- つなぎ符 …………………………… 31
- 点字の決まり ……………………… 34
- 点線 ………………………………… 39
- 読点 ………………………………… 38
- 特殊音 ……………………………… 24

な行
- 中点 ………………………………… 39
- 波線 ………………………………… 39

は行
- 発音 …………………………… 10、34
- 半だく音 ……………………… 20、21
- 一マス ……………………………… 6
- 二重かぎ …………………………… 39
- 母音 …………………………… 6、10
- 母音の配置 ………………………… 11

ま行
- まるカッコ ………………………… 39

や行
- よう音 ……………………………… 22
- ようだく音 ………………………… 23
- よう半だく音 ……………………… 23

ら行
- ルイ・ブライユ …………………… 6
- ローマ字 …………………………… 10

わ行
- 分かち書き ………………………… 35

監修／日本点字委員会

　1966（昭和41）年、日本における点字表記法の唯一の決定機関として発足。主な事業は「点字表記法の決定と修正」「点字表記法の普及と徹底」「各地域関係各界における点字研究機関の育成と指導」「内外関係諸団体に対する連絡と交渉」「会誌の編集と発行」など。『日本点字表記法』の編集・発行、『点字理科記号解説』『点字数学記号解説』『試験問題の点字表記』などの解説書の編集・発行、点字の啓発パンフレットの配布などを行う。また、委員を中心に全国各地で地域小委員会を定期的に開催して、点字表記に関する研究と普及を行い、それらの成果を持ち寄って研究・協議する総会を年1回開催している。

編集協力／阿部　毅
カバーデザイン／高橋弘将
デザイン／岡田　茂
イラスト／きゃんみのる

2018年 2月20日　初版第1刷発行
2023年10月30日　初版第5刷発行

監修：日本点字委員会
編集：国土社編集部
発行：株式会社　国土社
　　　　〒101-0062　東京都千代田区神田駿河台2-5
　　　　TEL 03-6272-6125　　FAX 03-6272-6126
　　　　http://www.kokudosha.co.jp
印刷：瞬報社写真印刷 株式会社
製本：株式会社 難波製本

NDC369　48P　28cm
ISBN978-4-337-28401-2
Printed in　Japan　©KOKUDOSHA 2018
落丁本・乱丁本はいつでもおとりかえいたします。